CUÁNTO DURA CUANTO

y otros poemas
María Eloy-García

aRREBATO **l**IBROS

1.ª edición en arrebato, marzo de 2024

ISBN: 978-84-19753-35-9
D. L.: M-8530-2024

María Eloy-García, 2010 y 2024

arrebato libros, 2024
c/ La Palma, 21. 28004, Madrid
www.arrebatolibros.com · arrebato@arrebatolibros.com

Diseño editorial: Alonso & Moutas
Corrección: Carmen Menéndez

Este poemario fue publicado por primera vez en 2010 por la
desaparecida editorial El Gaviero Ediciones. Siempre agradecida a
Ana Santos Payán por haber confiado en mí desde el principio.

El libro está compuesto con la familia tipográfica *FS Neruda*
publicada en 2018 por la desaparecida fundición Fontsmith;
y *At Slam*, diseñada por Arilla Type Studio en 2022.

Todas las imágenes y fondos del libro han sido generados con
Adobe Firefly. No se han hecho usando imágenes de referencia.

Hecho en Malasaña – Madrid

A Rocío, mi vecina del segundo

«No hagas caso de mediosdías habiendo días enteros»
(María Pérez)

«... La Filosofía ha caído en la trampa del arte...»
(Luis Puelles)

«EL PERSPECTIVISMO:
la posibilidad de considerar
una cosa y, en general, el mundo desde diversos puntos de vista,
todos ellos justificados, de tal modo que cada punto de vista
ofrezca una perspectiva única y a la vez indispensable
acerca del universo»
(Gustav Teichmüller, 1882)

el ciclo de
hipermuriel

la cajera muriel

estoy pensando en la cajera sedente
ella es lo verdadero de la sincronía del mundo
con su rayo láser ávido de códigos
me murmura complacida las ofertas
y cómo suma los dígitos arrastrando
entre lo dócil y el hastío
el tesoro precioso de mi dulce integral
a través de la máquina que le computa
el precio exacto de toda mi tarde
dice tres
y nunca nunca fue este número más mágico
la cajera extraordinaria teclea el sumatorio
de la monotonía y dice tres
y mira entonces justo antes de que se produzca
el cotidiano milagro de que mi dulce integral
sea mío para siempre
de repente ella mira otra tarde
sale de lo mío a lo del otro
le susurra las mismas ofertas
le marca el tetrabrik con el ojo de su láser
abriendo en fin el cajón místico del híper
con un movimiento suyo de mercado
los billetes ordenados repiten la cara de ella sin gestos
y me voy por esas puertas
que se abren sólo con el aura
dejándola
mientras su láser que suena
va marcando otra tarde

la reponedora muriel

sólo tú haces de un día vacío todo el día
eres el demiurgo sencillo de un universo diminuto
arrastrando en el círculo sexto sección láctea
todo el palé de la tristeza
repones el ansia con el ansia
y el tiempo con el tiempo
sólo tú tienes la contradicción misma
de los dioses
te vanaglorias de un orden
que será siempre destrozado
y al levantarte con el cuerpo tan antiguo
miras los pasillos inexactos
sección deseo llena de realidad
sección verdad llena de historia
a una simple voz tuya todas las bandejas dicen carne
los mostradores revelan la verdad subconsciente de sus 10 grados
se alinean las hileras
surgen anaqueles rebosantes de todo lo que pueda desearse
sólo tú tienes como todas las mañanas
tres horas justas para crear un día

la carnicera muriel

entre las vísceras y los tendones de la carne
me rompes la cadena del frío
me aplicas a los ojos hinchados
la sanación de tu ternera de primera
respiro sólo si me dejas
con las costillas puestas en tu bandeja terrible
haces de mis entrañas la más fina casquería
y buscarte
buscarte
entre las piezas retiradas del mercado
en ese contenedor de recortes y de restos
que conforman tu yo hecho pedazos
pero en el que adivino exquisito
el cadáver de tus ojos
la línea desigual de tu cuchillo
y el golpe seco de un tórax recién abierto

la charcutera muriel

yo te cedí mi ansia vital
pero tú la pasaste por el cortador en el que los clientes
quieren el pavo muy fino
no hubo gesto ni palabras
sé que sabes detectar la muerte
porque eres experta en el fiambre
experta en desnudar la pieza hasta el final
para luego seccionarla
eso mismo hiciste con tus manos fragmentadas
las líneas de la vida como tiras de salami
hacia ninguna parte
nunca un queso fue tan blanco
ni una pieza fue tan digna
como cuando la pesabas tú
en tu balanza egipcia hacia el más allá
sabías el peso exacto de las cosas
con tan sólo mirarlas
pero justo cuando el turno se hizo mi número
tu hora ya había llegado
no miraste
pero mi corazón embutido ya estaba en el vaso
donde te dejaste el alma

la encargada muriel

con el gesto decidido pones cara de importancia
sabes que eres un atlas con un mundo hecho de equívocos
tu trabajo es contentar a los que compran
cambiar los precios hacerte oferta
en la punta de la pirámide de tu sistema
tan templo palacial eres la sacerdotisa
adivinas qué se esconde tras los dioses
con tu nombre destellándote en el pecho
alguien te llama en off desde la altura
voz impersonal que sólo tienen
las encargadas tristes de la megafonía
tu cara se adivina religiosa
llegas al departamento nivel alto
a la capilla sixtina del consumo
el dios acerca su índice euríbor
a tu índice machacado por todos los trabajos del mundo
te toca con su verdad y los precios tiemblan
el suavizante marca tan blanca
sube cincuenta
tu pistola que dispara los precios se carga de nuevo
con una tinta más nueva que nunca
sobre el pecho indefenso de las botellas

la pescadera muriel

vives del hielo para conservar lo que muere fácilmente
en tus manos se deshacen las espinas dorsales del mundo
me sacaste del océano
capté el anzuelo de la muerte
comí el gusano que me diste
en el cubo en el que iba sedal al cuello
tan invertebrada por tu mano
otros gemían en estertores finales
golpeaban con todas las aletas
pensaban en sangre sólo en sangre
nos pusieron en el hielo mostrando abiertamente
el espectáculo subacuático del desastre
pasamos a ser ya muertos los tan perecederos
y con esa misma mano que cortó la cabeza
y que arrastró nuestra espina tan frágil
ofrecías gentilmente la terrible mercancía
porque la muerte reciente es para ti
una garantía de la máxima frescura

la panadera muriel

sólo discutimos el precio de la barra
—una baguette es como el alma —dijiste
se despedaza por la mitad con sólo mirarla
por eso siempre es mejor integral
—¿el alma? —dije yo
—la baguette —dijo ella
su cara llevaba toda la temperatura del horno
el delantal reflectaba el blanco todavía no inventado
en ninguna cosa blanca
a la temperatura justa en la que se hacen las palmeras
yo ya pedía los trozos que ella dejaba
para internar en su bosque a todos mis pulgarcitos
pero cuando llegaba a la casa de lo eternamente dulce
chilló el horno sus trescientos grados
de repente
yo era un cruasán recién nacido
levantado sólo por su propia levadura
tranquilamente me tapé de azúcar glaseada
y olvidé que un día para hacerme
me pusiste en bandeja
los trescientos grados de tu tristeza

1	BOTELLA DE LAMBRUSCO	6,69
1	MIRADA PERDIDA	0,35
1	CARPACCIO DE TERNURA	29,28
1	PAN MULTICELOS	1,25
1	LLAMADA PERDIDA	0,64
1	TU VOZ	74,50
1	BIF DE LABIOS	300,29
1	DESILUSIÓN	0,00

TOTAL ....EUROS	431,00
ENTREGA ....EUROS	500,00
DEVOLUCIÓN ....EUROS	69,00
TOTAL PESETAS	71.712

cuánto dura cuanto /// 020

transverberación
de la vecina

la sopera

en el ciclo artúrico de mi mueblebar todos prueban a abrir la llave
                                    [que va a dar a ginebra
lleva una sopera dentro porque es un mueble conceptual
la cuestión de lo artístico se resuelve en lo cotidiano
¿por qué resulta mi sopera sin estrenar atrapada en las entrañas
                                                    [del mueble
tan poderosamente sentimental?
qué duda tan presocrática
¿será la misma sopera?
¿la veré como la primera vez será menos azul?
¿cuántos pensaron en su producción en cadena
que estaría condenada a la oscuridad más absoluta?
¿puede llamarse sopera a lo que nunca contendrá?
ante mi intuición empírica el fenómeno es la sopera
sólo un juicio sintético podría acercarme a tocarla
pero cuántos juicios universales necesito tan sólo para el recuerdo
este idealismo trascendental merece una crítica necesaria
imposible hacer pucheros
pero si me pongo empírico-racional y digo que
la experiencia es el origen y el límite de nuestro conocimiento
mi sopera tiene en sus cualidades sensibles   .
ideas complejas que mantienen mi religión y mi memoria
la sopera es este deseo imposible hacer pucheros
y yo me pregunto
¿cómo será la sopera con su realidad
o cómo sería la sopera sin mi idea?

la hermenéutica

¿superará la ciencia
a propósito de mi rotundo frigorífico
la abstracción metódica?
¿se lleva el hervor en su columna imposible
y a través de esta campana
la última verdad del estofado?
qué perfecta es la naturaleza
que inventó la madera
para el teflón de la cacerola
qué mágica teofanía eleva levaduras
somete harinas mantiene intactos los moldes
revienta los vidrios
ah huevo
bello exarconte de mi trágica tortilla
ah de tu metamorfosis
que en el horno sube
en la sartén se expande
y en el agua se concentra
ah del inconstante suflé
como mi trascendencia finita
y así de repente de nuevo
la triste convención
de mi horizonte de gres

cuánto cuanto

miro el espectáculo rabioso de mis cuatro fuegos
primero un rojo apagado
después brillante hasta alcanzar el blanco
toda la hornilla al rojo blanco
emitiendo las longitudes de onda
un poco antes de ser estrella
miro absorta tu verdad
oh planck
la radiación electromagnética no es continua
un sueño en h un sueño dentro de mi sueño
la hornilla sube la potencia
cuánto duran sus cuantos
la vida resuelta en ergios por segundo

pero tú eres la duda
absorbes toda longitud de onda
no existes en la naturaleza
de platino de porcelana en una vitrina
de mi oficina de normas
tu valor es seis con cincuenta y cinco
por diez a la menos veintisiete
tu nombre es constante
un átomo de radiación
y estás en mi horno viva
te apareces en el azul último de los astros
oh planck
tanto cuanto

cuánto dura cuanto /// 027

y el mundo
sólo se mueve por su físico estelar
que todo lo atrae
la luz no le basta
y acaba en sí misma
en su propio agujero absorto

hipersumma

súper híper mercado
tu summa teológica son los cinco caminos por los que se llega
[a la estática cajera
cordero degollado en bandejas reciclables
san juan lo hubiera aceptado
ascesis de barrio
grados de perfección hacia tus *pulchrum* detergentes
mi escolástica es tu cobijo de superficie inabarcable
movimiento primero de oferta
para la causa eficiente de nuestra demanda
mortales y solos
perfección-gobierno del mundo
ente sumo si azar no cabe
catedral de los oligoelementos
se sabe que dios eres
verum tetrabrik verum salami
es tu luz sobrenatural
el brillo que desprende un torrente de monedas

transverberación de la vecina

tú que compras en gran superficie
que crees que sus precios te nombran
tú la puritana socialdemócrata mediamelena apoteosis de la brutal bisutería
que protestas sólo por ser consumidor perfectamente informado

tinte
azúcar
puerro
cuarto de kilo de aquello

pasillos caminas estanterías revisas
buscando en verdad nada de lo posible
a ti matriarca convencida de la educación redonda de tus hijos
qué lejana herencia lleva tu trágica conformidad tan limitada
un paso triste un lento envilecerse
diosa entrampada letra espera
te ganas la libertad con grilletes de domingo
para pasear marido y niños por el restaurante efervescente
pero aquel día sentada de moaré sillón a plazos
tu alma se despedaza por el extractor
se mezcla con aceite semipuro
sube por el aire disecado de tu dúplex abierto
entra de nuevo por la ventana y
por una sola vez entiendes
que la vida son más cosas

la vida cámbrica

he visto organismos anaerobios
en oficina sin aire con burbujas de lípidos vivos
y las fangosas comunidades de microbios
que se reproducen con la dureza antiquísima de la partición
luego medusas primigenias no muy lejos del lodo
con bocas tan antiguas
que no conocen la lengua para pronunciarse
y al fin el primer homínido
canal vertebral estrecho
tórax delgado
señales nerviosas tan limitadas que no hay control de la respiración
para decir *yo mismo*
estúpido bipedismo por el que abandonamos la mirada de la tierra
arduos instrumentales líticos
que nos hicieron pulimentar para siempre
con lo felices que éramos cuando la carroña
después el idioma por el que nos fuimos hablando y hablando
a repoblar las partes más distintas del planeta
hasta ahora en que la paleontología es un invento tan bien pulimentado
con departamento de humanidades primer piso quinta puerta
donde se especula la historia de lo que éramos
con el prejuicio insalvable de lo que somos

de lo que cuentan las tablillas en lineal a

ya sé
ya sé de qué te conozco
tú eras una bacteria entonces de esas
con élitros ojazos que sorbían la orilla precámbrica
de centroeuropa
allá por el proterozoico
¿te acuerdas?
hace dos millones quinientos mil años
y estás igual
ya sé de qué te conozco
tu colectivo era el único sedentario
así que el primer bronce lo hiciste
con una simple mueca neolítica
todo tu campo era una urna
ya sé quién eres
eres el hombre
a fin de cuentas
nada nuevo

no frost

las neveras llevan en su íntimo secreto
un sabor lejano y referencial
trazado a medias con el frío
abarrotadas como cuadros barrocos
son la alegría de la opulencia
son carnes rubens son cajones jordaens
pero a fin de mes una nevera puede ser
una reforma luterana
un sánchez cotán con su cardo sólo
y su aceituna arrugada la imagen vanitas de todo el siglo
en su cuerpo tan blanco
cientos de imanes exvotos
que piden al dios del gasbutano
como un atlas que llevara naranja
un mundo de gas tan letal
y su ruido de golpes por la escalera
sin embargo los congeladores
con sus sopas poliédricas
son malévich por el frío
yo he visto en un puré tan brancusi
a efectos de la congelación
la esencia idealizada de lo real
como una puerta obradoiro
se abre a su peregrino
así para mí las cinco estrellas de mi superser

de cuando descubrí que la vecina del tercero b es la filosofía

hoy me he levantado tan preclara
tan nítida en la posible arborescencia de los días completos
tan exacta en la permutación que de doscientas cosas me pasen
tan ciega de mundo tan sutil
tan abismo en la sima
tan horizontal en la cama
tan vertical en todo lo que haré vertical
tan agotada de haberlo visto todo
que puedo decir sin mucho esfuerzo
que llegué a entender por fin a la vecina del tercero b
cuando todas las mañanas dice
con ese tono de primer alumno de la escuela de platón
—*aquí estamos, tendiendo*—
y pensé sí
tendiendo todos con nuestro propio peso
dejando que las cosas sean
entonces
ella cerró su ventana que chirría como una negación
y yo me dispuse a ser de nuevo de tiempo
cerré también mi ventana
y nada nuevo sucedió en el interior

el bien inmueble

la nostalgia vive en el sexto piso
tira un papel por la ventana
y por un segundo
se confunde con el vuelo migratorio
de un pájaro que quiere aparearse
la mierda que lanza desde su arriba
cae sobre la raya en medio
de un preso en libertad condicional
que no recuerda cómo se iba a su casa
aquí el niño que lo ve todo
crea en ese momento en la parte izquierda del cerebro
un comienzo de neura
que asociará a la placidez veinte años más tarde
la bondad vive en el tercero
tiene una casa confortable pero incómoda
el odio tiene siempre un perro en la puerta del cuarto
pero la decoración de su casa es impecable
la timidez que vive en el quinto
ve por la mirilla de su puerta blindada
la cabeza distorsionada de un gordo que es el mundo
en el noveno vive la veneración
la soltera que comparte piso con la envidia
el del octavo que es el tiempo
se quedó justamente encerrado en el ascensor
aquel día que viniste a mi casa
y yo soy ese edificio
pero nunca subo al décimo

la casa de la perfección que es una déspota
suelo sin embargo quedarme en el primero
del que nunca sé salir
allí vive el hastío que nunca pagó la comunidad
la memoria
que vive en el segundo
tiene el síndrome de diógenes
todo lo que sube a su casa
es digno de ser guardado
cualquier tontería tiene la dignidad de un tesoro
pero nunca recuerda al que se olvidó de ella
ese día subiré al séptimo
porque es justo allí *donde habita el olvido*

la megalómana

vivir en tu arriba
vecina cíclope de ojo mirilla
inscribiendo cuadrados en el círculo
qué coreografía la de tu planta
distorsionados vecinos de cabezas inmensas
lanzados cada día de sus casas
por la ley de la simple monotonía
tras ellos tu ojo de inventar conjeturas

vivir en tu arriba
gestando agujeros para mirar siempre
a qué horas de sencillas preferencias
de hipótesis empíricas de tercer piso
te lleva la tierna megalomanía

mirarte en tu arriba
más allá
grúas bestiales destrozando bloques que no sabes
con la silueta todavía
de escaleras subiendo por la pared intacta
y una puerta magritte por la que se ve el todo
ese que nunca percibieron
tus ojos sin estéreo
porque más allá del tercero
el mundo no existía

la puerta magritte

sobre la espera

en la fila el último espera que alguien entre y pregunte
quién es el último para dejar de serlo
el primero tiene la ventaja de mirar hacia atrás
el segundo es siempre el que recoge la espera que deja
el primero que se va
la cadena de la espera nunca acaba
en nada que existes dejas de ser el último
y en nada que lo piensas eres terriblemente el primero

el movimiento de brown[1]

tengo a veces la impresión de que pasas
dejándome
como el movimiento errático del polen en el agua
como las fluctuaciones bursátiles del mercado de futuros

oscilando

entre todas las formas de comprender a einstein
tú eres el tomo que entendí
primero
espacio y tiempo relativos
después
el universo infinito

1. Robert Brown: botánico-conservador del Museo Británico. «Los granos de polen en suspensión en el agua se mueven de manera errática e imposible de predecir». Sirvió a Einstein para demostrar la existencia de los átomos.

la otra óptica

se me rizan las ganas de mirarte
como en este sueño hipermétrope
de mirarte como en el espejo en que se dio
la ovación última de sentirse uno ancho
se me enredan las ganas
en una maraña de viento que fluyera de ti
hacia ninguna parte
y me llevara en globo aerostático
muy lejos del fragor de la tierra
llevarte como una mota huésped
que se adhirió a la licra de las medias
y en la intersección de su costura se acomodó
y tomó su color y su alimento
eres la molécula que impartió su dogma
y todas la copiaron para acrecentarse
en ser de cobre puro muy por debajo de la tierra
llevarte como un cianuro
para elegirte con la muerte
en la última muela del último juicio
un sorbo para abrirme de repente sin una sola dioptría
a mirarte por fin sin los cristales que tú sabes

hipotética

absurdo lo platónico
rechazado lo ideal
sólo me quedan los huesos
la calavera
ésa que asiente cuando parezco estar de acuerdo
me quedo con lo que se lastima
y guardo lo irreal
para otro físico
ya no guardo los resguardos que tocaste
no presiento en el umbral todo tu dentro
es momento de fuera de polígono
de tormentosa relación con el fracaso
que es un acaso bien vestido
me quedo con los lagos de calcio de las uñas
con el arqueo severo de las piernas
con la axila caliente de los próximos
y la molécula que cambia
no idealizar para no morir
en este dentro ese afuera
lo irreal es el pulso fingido con la muerte
sea pues lo real y su misterio
tipo de interés setenta y plazo fijo

el día de sellado

la ciudad levanta la prisa hacia arriba
tramita de centros los barrios
circunvala de brazos cruzados
mira y pestañea con todos los semáforos
muestra que está abierta plenamente
y en esa ciudad estás tú
en algún punto latitud longitud
estás guardando tu secreto
a esa multitud que rodea los mercados
que trafica con dinero
que escatima tu subsidio
estás rondando la n tres cuarenta de tu litoral letal
caminando haciendo aceras
perforando túneles
con la cabeza de pensar
haciendo carteles en el sencillo pacto de mirarlos
pero si tú desapareces
la ciudad se hace lenta
hacia abajo
se limita a un recuerdo
se pone dominical y religiosa
hay tanta naturaleza donde no estás
que quererte es un acto social y urbano
muy civilizado
te cedo el paso

te cedo el peso
te cedo el piso
te cedo el poso
y te cedo el pulso

ciudad ornamento de ti en las fuentes
en las rotondas en las viejas sencillas que tramitan
las espinas para gatos rutinarios
en los alcorques de árboles catalépticos
en todos estás tú
simple
haciendo gravitación
mientras
yo me dejo compulsar por una legión de secretarias
esperando que se abran los mostradores como un mar de aglomerado
para que yo pase
qué paradoja
con mi paro rotundo

mi cuerpo asesinado por su alter ego

no puede con el terco humano de la prisa
con los codos en los autobuses
con los auxiliares administrativos
en gélidas ventanas
con gestos de prisión preventiva
y su oposición con academia
con las manos en la barra tensa de los trenes de cercanías
con el lexatín de cada alzarse
con las marcas hechas por el ultravioleta
con las estrías que son logos corporativos
a mi cuerpo vencido por la resistencia de la desidia
a mi cuerpo le bastan solamente
los dedos levantados del orgasmo
las personas graduadas a su lente de contacto
y un cóctel para asomarse a la prisa de la tarde
en un sitio concreto que no digo
a mi cuerpo le bastan las aceras hundidas
por otros transeúntes que tomaron
un número que no fue nunca el 483
en el su-turno de la gestión tributaria
que me indultó del frío de la calle
que me cercó las ventanas con rejas de mi casa
que me permitió el adentro en vez del afuera
me ascienden del cuerpo preguntas tiranas
para las mismas respuestas sectarias
y me cumplen los meses con recargo
vendrá la muerte tan pavese
y pasará por tus manos burócrata

los límites

entre el uno y el dos
que es como decir entre tú y yo
existe un número infinito de líneas y cifras
que tienden a ser tú sin serlo
entre el mundo y yo
existen paralelos y grados
que tienden a ser mundo y no son el mundo
y yo tendiendo a ser el uno sin serlo
y yo tendiendo
signo lingüístico acércate bien y dime
en el significante de las cosas que sé
dónde se fue el significado
y yo tendiendo
intentando que las cosas tiendan a ser
pero
tendida

los especuladores

qué triste y qué en vano mirar
las francas sonrisas que hacen sobre el suelo
los que especulan cada arista
saben qué hacer con cada otero
su poesía también es social
miden en octosílabos de tierra
les gustan las palabras manzana o bloque
en vez de rimar aparejan
cuanto más avanzo en el conocimiento
más me recuerda todo a lo que quiero ver
porque mi mente es limitada
se refugia en su razón
un puñado de datos desde
el primer hombre que pensó
y llamó tierra a todo cuanto ve
y llamó dinero a lo que siente
flores a lo consustancial
y verdad a la tradición
qué triste y qué en vano mirar
las francas sonrisas de los especuladores
se parecen tanto a mi sonrisa

contraseña

para la contraseña que abre puertas y ventanas
tener prevista la palabra dolor
dolor que las especies reconocen cuando duermen
que se adhiere a la piel y se transforma como tú
línea adyacente de pueblo colindante
artículo primero temerse como hermanos
abrazarse para que nadie pueda apuñalar por la espalda
gemir para que escuche todo el mundo
el transparente hilo de la sangre
todos estamos inventados por la nuca para la pistola
hechos en serie *fragilidad* para satisfacer a la cuchilla
la cabeza sobre los hombros sobre los hombros la línea
y tras la línea la contraseña
dolor
salir entonces por la puerta
o por la ventana

comando ayuda

el metro

«unidad de longitud
base del sistema métrico decimal
equivalente a un millón seiscientos cincuenta mil
setecientos sesenta y tres con setenta y tres veces
la longitud de onda de la raya anaranjada
del núclido criptón 86 en el vacío»

(definición adaptada en 1960)

entre la amplitud de las cosas abiertas
y mis descomunales hemorroides
estoy yo en la barriga de este buey que se mueve
fanática de cadena tierra mundo
con todo de dolor
dolor de convención como barra de platino en un museo de parís
dolor de diezmillonésima parte de cuadrante
de hoja de cálculo que un computador lejanísimo nos diera por defecto
triste convención la que arrastramos los puramente religiosos
los iniciados los convencidos
hablemos en el idioma del dolor
comprendamos la prisa con texturas que nos vuelca la muerte
en nuestro fondo tapiz
desea mover la carpeta miedo a la papelera de reciclaje
y mover con eso todos sus componentes
aceptar

la náusea en la boca

la náusea sartreana de la vieja que estrena dentadura
le hace adquirir una filosofía existencial repentina
y una reflexión acerca de su propio ser
tan lejana del positivismo
que le hace especular con todo tipo de dioses
la inmortalidad es un sueño que empieza en los dientes
mastica la autoconciencia
se sumerge en el vacío de su condición humana
pero al deslizársele de los labios lentamente
la pura prótesis haciendo tanta cosa de la boca
se le aparece sorprendentemente el hombre en sí
esa pasión tan inútil

la gran prostituta

y vi cómo la mujer se emborrachaba con la
sangre de los creyentes y de los mártires
(apocalipsis de san juan, 16,6)

ella aplastando a las serpientes
toda de terracota diosa de las palomas
buscando novio a su desnudo
diosa de los áticos de la caída al vacío
de los cuatro firmamentos gnósticos
sucursal de lo divino
compulsada por la bestia
lanzada de su babilonia
la gran puta abierta de par en par
como un mar rojo ante el bastón de un moisés que la chulea
cinco mil por la luz
diez mil y un completo de verdad y conocimiento
ella torcida por la muerte
bocabajo en la cruz latina de los brazos abiertos
rescatada por evans
ella al descubierto en la verdad de su imperio
conquistando babilonia
caída al suelo subterránea
con número atómico potasio epicentro girando reptando
comiéndose su omega trágica
la gran drag de la noche de los tiempos
la primera puta y la última

el cero

la línea
la secreta belleza del rectángulo áureo
el canon
todo lo que naturaleza manda
en su inmenso mundo asimétrico
se humaniza en el artificio del orden
inventamos
cuadrado álgebra grados centígrados
el mundo según nosotros mide
qué sabiduría sin respuestas
para la mariposa que levanta el vuelo
en eritrea y provoca un torbellino en córdoba
difícil no establecer verdades de antemano
imprescindible seguir deseando ser
seguir con los agujeros
inhalando espacios reventando las minúsculas gafas de ver
para la hipermetropía de sentir
la línea
la secreta belleza de los ángulos obtusos
esa que inventamos
cerca de la perfección infinita
como los números que se dividen por cero

un homo tiernamente sapiens

el mundo
ese insondable agujero repartido
que se nos parece en los actos y en las ganas
que tiraste tan pronto
toda la filosofía cartesiana te cabía en la palma de la mano
en la otra la tradición
pantocrátor de acero
reventabas los tímpanos de tan clemente
recuerdo pasar por tu dintel románico
con todo el gótico que no entendiste
partías las vidrieras
con ese ejemplo subsuelo de magia
fuiste haciendo la vida con tu esfera armilar
y el catalejo de ver hacia muy lejos
nunca el frágil caleidoscopio
aprendiste estrellas complicadas a imaginarlas nunca
pero
supiste entender del mundo algo principal
estamos hechos de tiempo
girando por las elipses
jugando con nuestro entero humano
al dos al negro al viento
al índice que señala otro índice
a la huída de la parca
que viene para llevarse en la guantera
todos los mapas con tu nombre
la última radiografía con un gesto tuyo por dentro

y un día
se olvida ese segundo en que entendiste
todas las leyes de la naturaleza
y volvemos a ser esos homos tan tiernamente sapiens
pero sin ti

cambian las rutas de la memoria

cambian las rutas de la memoria
como cambian los caminos que te llevaban
a la calle carretería
ejemplos de ruinas con tasación absoluta
basta contarle los anillos a la abuela
para tener el árbol de los genes
con cientos de desconocidos que llevaban mi nariz
por qué calles con qué preferencias
llevando cuántos escrúpulos
cambian las rutas de la memoria
cuántos póngidos hasta mi erectus
cuánto neandertal seré hasta ti
sapiens futuro
con otros caminos y las mismas calles
con distintos nombres
mi camisa será tan antigua
a ti heredero que reinarás en las murallas del futuro
a ti que cometerás las mismas injusticias
con el mismo débil
te entrego hoy
este agujero de gusano del universo
asómate y mira
ese mundo que ves
con la sofisticación que da el progreso
hacia una libertad que no existe
es idéntico al mío
porque tú eres

otra aleación con el mismo miedo
cambiarán también las rutas de tu memoria
y aunque hecho de acero el final persista
será un fin de máquina radial para tu torso evolucionado

de rerum factura

naturaleza oh gran bien inmueble
a ti te cedo la polución de mi cadáver
me cargaste en la visa
todos los intereses de tu mantenimiento
y cerraste la cuenta con mi nombre
porque morimos todos de impago y de descrédito
por tu mano que venció el seísmo y sacó la flor
me extraña todavía tu casa llena
de muertos y de recién nacidos
con el tenue hilo del grito a través de tu orondo ozono
a través de todos tus radicales libres
te estamos llamando tan de cerca
pero estás ocupada en la decoración más cursi
de tu río caudaloso o en la garganta de tu montaña
pasada de moda
en tus manos manchadas de sangre
siempre necesitas hombrespagadores
seresaccionistas piedrasliberales para toda tu condena
qué empresas las nuestras más tiernas
para tu holding gigante
sólo tú nos enseñaste el librecambio
cuando yo te comprendo o me acostumbro
tú vas y me asesinas
con tu muerte natural

liftin inverso

el tiempo ese liftin inverso
que amontona pinzas en el patio
domestica el amor
te tutea en la tierra
fue también
cuando te quise
pasó tan rápido
trizaba las aceras
se columpiaba en las uñas
limaba nuestras costillas
de tan cerca
pero
cuando miedo sustituyó a tiempo
las ventanas eran de otra marca
no sabía quién me había regalado aquella enciclopedia
me gustaba el zumo de naranja
y el hielo llenaba la nevera
bajé los ojos con sus pliegues
me eché la crema que no sabía
que me echaba
tomé el valor que me ardía en las pestañas
noté todos los orificios del pelo
batí una mayonesa recién cortada
y busqué
busqué en la espera una sala
un estar en el cuarto
y por un hilo que se descolgaba del mantel

me vi tan del mundo
que decidí hacer de figurante para siempre
y como todos los platónicos
me dispuse a hacer el amor
sólo de oído

epílogo

la ranura

las ranuras existen para que podamos inventar el todo por la parte
en cada ranura hay un intento de compensar el universo
de habitar como minúsculo paraíso
lo que hubiéramos querido que fuesen
los inmensos puntos cardinales
me gusta lo que hay entre el norte y el sur
pueden ser kilómetros o milímetros
es como si yo dijese que vivo en el sur del sur
y mis cosas están orientadas al norte
y miro al oeste y cada cosa que hago es una línea
y miro una distancia y calculo una capacidad
y estoy compuesta de una serie infinita de microorganismos que se
                                                    [reorganizan
en el espacio que les doy para ser
las ranuras
son la metáfora del resto del paisaje
su insinuación
y mi primera idea de cómo son las cosas
tras la ranura no hay nada verdadero
porque lo completo es un engaño
y las verdades no son *una usted los puntos numerados*
para hallar la figura del siguiente dibujo
la verdad es que el dibujo es
invéntelo

dolor
pretaporter
y otros
poemas

dolor pretaporter

hoy no me llega la camisa al cuerpo
llevo un sombrero sistema nervioso central
y una chaqueta justa de escápula
me sobra húmero para la manga
me queda ancha de falso y larga de abismo
tengo una histeria-broche
clavada en las costillas
voy toda a contrahílo al bies en zigzag
todos los patrones al revelarse
son personas crucificadas
tengo los vaqueros fémur
y la pelvis pretaporter
estreno moda epigenética esta tarde
me queda tan grande la vertebración
que viene llena de remiendos
hoy voy marcando tristeza
mi propia piel un abrigo de entretiempo
mi esqueleto y mi sangre más cada una de las cicatrices
son toda la tendencia que puedo
para la pasarela de vivir
y hoy ya no sé si llegaré con estilo
a la primavera verano

apología del barroco

hay veces que citar a proust
es como ponerse un wonderbrá
y realmente no hay diferencia
y tú dices —proust dice—
y saltan los avezados intelectuales
a tocarte lo interno del verso
con dedos de sátiro
con todas sus uñas largas y negras
no hay naturalidad en el wonderbrá
ni en proust
hay que hacer como que no los llevaras
hay que simular lo voluptuoso
pero te sale por todas partes
la pura carne
así que hagamos lo barroco
un wonderbrá talla pequeña
y una cita de proust en francés
aunque ninguna se te ajuste
se da el juego de lo evidente
y la muerte pasa más despacio
es tan grande el barroco
como la naturaleza
a ambos les salva
la carne
y la profesionalidad
del morir

teología hermética en el centro comercial

todo nace arrugado
porque en las cosas pequeñas
late un mundo plegado
como las proteínas las flores las montañas
como el recién nacido
envejecer es volver a plegarse
volver a ser cosa pequeña y menguar
para encapsularse uno
somos el pacto de guardar
en nuestro complejo envoltorio el tesoro del gen
si se piensa no somos más que una camisa
en manos de una dependienta que la pliega
una y otra vez
los genes son la moda de la camisa
y la dependienta es la naturaleza
con respecto al diseño de la naturaleza
no lo sé
¿inditex?

lo que piensa en su caja la barbie superprincesa

dime otoño-invierno
si mi piel policloruro es todo
dime si puedo sujetar
con mi interior hueco
el calambre del nailon puro
dime a la oreja mundo
si estarás pendiente
dime clave si te encuentro
que te abrocharás sola
por favor dadme pistas
más allá de mi ventana de acetato
más arriba de mi propio cuello vuelto
si mi cabeza se sostendrá en la ventisca
si el guante diminuto con sus cinco agujeros
guardará también el índice tendido
quiero saber si es posible prevenir
la felicidad con material inerte
tener frío y dudar
quiero saber detrás del tiempo
no para vivir sobre todo
sino para llamar al modisto
y clavar la aguja en el doblez
de esta herida-sutura
todo mi plástico vivo canta
mientras la tersura infinita se agolpa
en mi corazón de tweed

fondo de armario

como hago con los calcetines
ordeno mi iconoclastia en cajones
con los blancos el odio al deporte
todo lo útil con los ejecutivos
salud de marca y buenismo de izquierda
con los calcetines de lana
el miedo a la realidad
con las medias transparentes
los que tienen agujeros con la filosofía
y mi infancia con los arrugados impares
no es un azar que estén dentro de la cómoda

si el mundo se atreviera a contar
cómo tiene organizado su cajón
no habría tanto de qué sorprenderse

lo que aprendí de mí jugando a los anagramas

que mi padre era pared
y que mi madre medra
(ay este lamentar maternal)
que riendo dinero
que premio oprime
que poseía poesía
y por eso la locura ocular
que saber besar
a marido mirado
es salvar larvas
y capar a la parca
pero como el enlace encela
tuve el valor de volar
mejor lesbiana libanesa
en la mejora mojaré
y el beso y el sobe
hizo el resto terso
hizo de las piernas pinares
con su labor de árbol
la carne por el arcén
y el amor en ramo
se me vino ovni

contigo entera y eterna
el universo como souvenir

los hay que comieron de la mano del hambre
y se portaron en la vida como sustitutos
los hay que derribaron el edificio del saber
y se encontraron con el solar de la nada arqueológica
los hay que anduvieron en la cuerda tensa
del epílogo de las cosas
y enterraron la calavera con su llama ardiendo
los hay que sostuvieron la cabeza del amante
un segundo y por sus órbitas
dieron un paseo fuera de la nave de sí mismos
los hay que contuvieron en la garganta
el alarido del espanto y se les cristalizó la saliva
que cayó como un cubito de hielo
en el cóctel de las manos
los hay que llamaron amor a una proximidad caliente
y por fin los hay que quisieron decir mundo
cuando en realidad dijeron
muy alto y muy claro
la palabra tierra

flipper

los contrarios sirven para descansar
de la continuidad de las cosas
destensa el rígido control la variedad de la deriva
mirar por la ventana a ver si la puerta se da
mirarnos en lo mínimo para ser dioses
y creernos carne
envoltorio con lazo
para el cráneo
el cráneo
caja con regalo
para la masa encefálica
la masa encefálica
celofán en orden
para la célula
la célula
cápsula decorada
para el gen
el gen
lo mínimo disperso

somos ese mundo sencillo
que se pactó en el mar

primavera en java

ahora en primavera
la alabada la manoseada la sobada primavera
emigran hasta las notas de la versión anterior
en mi tierno programa de cuentas
(es un simple recuerdo de pájaros)
ahora en primavera
los dispositivos cantan saturados de emepetrés
sus trescientas canciones protoverano
como una alergia
se abren las ventanas de diálogo
estornuda su troyano de ver porno
un escritorio enfermo de iconos
primavera siempre en la interfaz de la tierra
en todos sus dispositivos periféricos
como la nube como el árbol
recuerdan que estamos en el equinoccio brutal
y saca como si parieran todas las madres
una flor de muchos megas
ay diseño de impresión
expulsados de la cola de la infinita impresora
damos el salto caliente
en la bandeja final de vivir

vacilando al miedo-medio

tengo zapatos de cerca
para la hipermetropía del pie
tengo para los dedos con resaca
un tacto doble
toda la nube lloviendo
en el lago de calcio de las uñas
tengo un fusilamiento de gotas
en el paredón de la cara
y pequeñas láminas de frío
entre los dos omóplatos
tengo las rodillas dobladas
en al menos cinco idiomas
tengo al pavor en decúbito
y un morse en cada poro
toda la mente puesta en el abismo
porque sé que el miedo
ese que me mira desde lo domesticado
será quien tome el orfidal hoy
cuando me vea aparecer
toda pensada y llorada
supervertical
superlimpia